甘肃省自然村(组)通硬化路建设技术指南

编制单位：甘肃省公路局
　　　　　甘肃省交通科学研究院集团有限公司

人民交通出版社股份有限公司

北　京

内 容 提 要

本书系统总结了甘肃省自然村(组)通硬化路建设成果,具体包括总则、术语、设计篇、施工篇以及附录等内容,其中设计篇针对基本规定、路线、路基、路面、过水设施、路线交叉、交通安全设施、沿线设施和工程造价等进行了详细阐述;施工篇对总体要求、路基工程、路面工程、过水设施和交通安全设施等进行了详细阐述。

本书可供农村公路建设及管理人员工作参考。

图书在版编目(CIP)数据

甘肃省自然村(组)通硬化路建设技术指南/甘肃省公路局等编. — 北京 : 人民交通出版社股份有限公司, 2021.7
ISBN 978-7-114-17433-9

Ⅰ.①甘… Ⅱ.①甘… Ⅲ.①农村道路—道路建设—甘肃—指南 Ⅳ.①U41-62

中国版本图书馆 CIP 数据核字(2021)第 125793 号

Gansu Sheng Zirancun(Zu) Tong Yinghualu Jianshe Jishu Zhinan

书　　名:	甘肃省自然村(组)通硬化路建设技术指南
著 作 者:	甘肃省公路局
	甘肃省交通科学研究院集团有限公司
责任编辑:	石　遥
责任校对:	孙国靖　卢　弦
责任印制:	张　凯
出版发行:	人民交通出版社股份有限公司
地　　址:	(100011)北京市朝阳区安定门外外馆斜街 3 号
网　　址:	http://www.ccpcl.com.cn
销售电话:	(010)59757973
总 经 销:	人民交通出版社股份有限公司发行部
经　　销:	各地新华书店
印　　刷:	北京市密东印刷有限公司
开　　本:	880×1230　1/16
印　　张:	3.75
字　　数:	92 千
版　　次:	2021 年 7 月　第 1 版
印　　次:	2021 年 7 月　第 1 次印刷
书　　号:	ISBN 978-7-114-17433-9
定　　价:	40.00 元

(有印刷、装订质量问题的图书由本公司负责调换)

《甘肃省自然村(组)通硬化路建设技术指南》
编 委 会

主　　　任：左勇翔　　陈宏斌
副 主 任：赵书学　　杨晓林　　刘颖才
委　　　员：吴小虎　　张向宇　　朱银马　　赵创新　　尚高鹏
　　　　　　黄延亮　　赵　军　　周　炜

编 写 人 员

主　　　编：杨晓林
副 主 编：刘颖才
参编人员：吴小虎　　张向宇　　朱银马　　赵创新　　尚高鹏
　　　　　　黄延亮　　赵　军　　周　炜　　魏　巍　　白仲兰
　　　　　　张呈祥

前　言

　　为认真贯彻落实十九届五中全会精神、习近平总书记关于"四好农村路"和"交通建设项目要尽量向进村入户倾斜"重要指示精神,巩固脱贫攻坚成果与服务乡村振兴战略有效衔接,有序推动自然村(组)通硬化路高质量发展,规范自然村(组)通硬化路建设,编制了《甘肃省自然村(组)通硬化路建设技术指南》(以下简称"本指南")。

　　编制工作以《交通运输部等八部委关于推动"四好农村路"高质量发展的指导意见》(交公路发〔2019〕96号)、《交通运输部关于贯彻落实习近平总书记重要指示精神做好交通建设项目更多向进村入户倾斜的指导意见》(交规划发〔2019〕118号)、《甘肃省农村公路条例》、《甘肃省自然村组道路建设工程管理办法》(甘交公路〔2018〕42号)、《甘肃省推进"四好农村路"高质量发展实施方案》(甘交发〔2019〕38号)、《甘肃省2020年自然村组道路建设专项行动工作方案》(甘交扶贫〔2020〕5号)等文件为指导,参考《小交通量农村公路工程技术标准》(JTG 2111—2019)、《农村公路工程技术标准》(DB62/T 2934—2018)等标准规范,结合甘肃省的地形地质条件、农村经济社会发展状况、农村交通运输需求及自然村(组)通硬化路现状等实际,同时借鉴了部分省(区)自然村(组)通硬化路建设方面的经验。

　　本指南由甘肃省公路局、甘肃省交通科学研究院集团有限公司编制完成。在本指南起草过程中,编制组成员对甘肃省自然村(组)通硬化路建设进行了广泛调查研究,总结了近年来自然村(组)通硬化路建设的实践经验,经过广泛征求意见,对主要问题进行了反复讨论和修改。

　　根据甘肃省交通运输厅《关于印发〈甘肃省自然村(组)通硬化路建设技术指南〉的通知》(甘交科技〔2021〕3号),本指南自发布之日起实施。请各有关单位将本指南执行过程中发现的问题和意见,及时函告甘肃省公路局(联系电话:0931-8461603,邮箱:375311586@qq.com,地址:兰州市南滨河东路743号,邮编:730030)和甘肃省交通科学研究院集团有限公司(邮箱:409392518@qq.com,地址:兰州市城关区和平新村127号,邮编:730030),以便下次修订时参考。

目　　录

1　总则 ··· 1
2　术语 ··· 2

一、设计篇

3　基本规定 ·· 5
　3.1　设计车辆 ·· 5
　3.2　设计速度 ·· 5
　3.3　建筑限界 ·· 5
4　路线 ··· 7
　4.1　一般规定 ·· 7
　4.2　平面 ·· 7
　4.3　纵断面 ·· 8
　4.4　视距 ·· 9
　4.5　平纵线形组合设计 ·· 10
5　路基 ··· 11
　5.1　一般规定 ·· 11
　5.2　路基宽度 ·· 11
　5.3　错车道 ·· 12
　5.4　路基高度 ·· 12
　5.5　路基填料 ·· 12
　5.6　路基压实 ·· 13
　5.7　路基边坡 ·· 13
　5.8　路基防护 ·· 14
　5.9　路基排水 ·· 15
　5.10　取(弃)土 ·· 15
6　路面 ··· 17
　6.1　一般规定 ·· 17
　6.2　设计使用年限 ·· 17
　6.3　路面结构设计 ·· 17

6.4	路面排水	19
7	**过水设施**	**20**
7.1	漫水桥、过水路面	20
7.2	桥梁、涵洞	20
8	**路线交叉**	**22**
9	**交通安全设施**	**24**
9.1	一般规定	24
9.2	标志	24
9.3	标线	25
9.4	护栏	25
9.5	视线诱导设施和警示设施	25
9.6	路名牌、里程碑	25
10	**沿线设施**	**26**
11	**工程造价**	**27**

二、施工篇

12	**总体要求**	**31**
13	**路基工程**	**32**
13.1	一般规定	32
13.2	路基施工	32
13.3	防护	33
13.4	排水	33
14	**路面工程**	**34**
14.1	水泥混凝土路面	34
14.2	沥青混凝土路面	35
14.3	块石路面	35
14.4	混凝土预制块路面	36
14.5	砂石路面	36
14.6	卵石路面	36
14.7	天然砂砾路面	37
15	**过水设施**	**38**
16	**交通安全设施**	**40**
附录 A	特殊土质路堑边坡坡率表	41

附录 B	常用路面结构类型	43
附录 C	安全保护措施形式参考表	47
附录 D	《指南》用词说明	48

1 总则

1.0.1 为规范甘肃省自然村(组)通硬化路建设,加强技术指导,保证工程质量,建设安全、耐久、环保、经济的自然村(组)道路,为支撑乡村振兴提供有力的交通保障,制定本指南。

1.0.2 本指南适用于新建和改扩建的自然村(组)道路,村内主干道,巷道及入户道路参照执行。

1.0.3 自然村(组)通硬化路建设应遵循"规划先导、因地制宜、经济适用、节约资源、安全便民"的原则。村内主干道、巷道及入户道路建设宜结合当地民风民俗,坚持"宜宽则宽、宜窄则窄"的原则。

1.0.4 自然村(组)通硬化路进行改扩建时,应充分利用原有道路空间,原有道路的路面、防护、排水等工程经评估后满足使用要求的,可维持原设计标准。

1.0.5 同一自然村(组)通硬化路宜采用一致的设计速度,对于地形地质条件复杂的路段可采用不同的设计速度,但同一设计速度的路段长度不宜短于3km。不同设计速度的路段之间相互衔接的位置或地点,应选择在平面交叉、沿线自然村(组)节点的前后,或驾驶员容易判断路况变化的地形变化处。过渡应顺适,衔接应协调,并设置完善的交通安全设施。

1.0.6 结合乡村人居环境整治和绿化美化工程,同一巷道及入户道路硬化宽度宜相同。

1.0.7 自然村(组)通硬化路建设应贯彻保护乡村自然生态环境和沿线历史文化遗存,鼓励资源循环利用(如旧路砂砾垫层、基层、破碎混凝土、浆砌片石等)的理念。

1.0.8 自然村(组)通硬化路建设应通过强化路面硬化,完善防护、排水、交通安全等设施,提升通行能力和抗灾能力。

1.0.9 交通安全设施、防护工程设施、排水设施和沿线服务设施应与主体工程同时设计、同时施工、同时投入使用。

1.0.10 对具备设置综合服务中心的自然村(组)通硬化路区域,应统筹考虑与物流配送站、乡村邮站、农产品展销区的一体化建设。

1.0.11 应因地制宜,充分吸收地方成功经验,鼓励采用新技术、新材料、新设备、新工艺。

2 术语

2.0.1 自然村(组):自然形成的、具有一定人口规模,由建制村统一管理,经民政部门建档的社(村民小组)。

2.0.2 自然村(组)道路:连接建制村与自然村(组)、自然村(组)与自然村(组)、自然村(组)与上级路网的道路。

2.0.3 村内主干道:建制村或自然村(组)内的主要内部道路。

2.0.4 巷道:连接自然村(组)内农户之间的道路。

2.0.5 入户道路:连接农户的道路。

2.0.6 速度控制设施:提示驾驶员控制速度或限制行驶速度的设施,包括限速标志、建议速度标志、块体路面、减速标线、路面限速标记或减速垄(丘)等。

2.0.7 急弯:曲线半径小于或等于一般最小半径的弯道。

2.0.8 陡坡:积雪冰冻、高寒阴湿地区最大纵坡大于或等于6%,一般地区最大纵坡大于或等于8%的路段。

2.0.9 错车道:单车道道路上供车辆交错避让的加宽车道。

2.0.10 块体路面:采用块石、水泥混凝土预制块、砖块等材料铺砌的路面。

2.0.11 漫水桥:又称过水桥,洪水期容许桥面漫水、短期淹没的桥梁。

2.0.12 过水路面:采用加固路面、路肩及路基边坡的方式,容许洪水期水流从路面上流过的排水构造物。

一、设计篇

3 基本规定

3.1 设计车辆

3.1.1 自然村(组)通硬化路路线与路线交叉几何设计所采用的设计车辆外廓尺寸见表3.1.1。

路线与路线交叉几何设计所采用的设计车辆外廓尺寸　　　表3.1.1

车辆类型	总长(m)	总宽(m)	总高(m)	前悬(m)	轴距(m)	后悬(m)
小客车	6.0	1.8	2.0	0.8	3.8	1.4
轻型载重汽车	6.0	2.0	2.5	1.1	3.4	1.5

3.1.2 自然村(组)通硬化路适合小客车(座位≤9座的客车)、轻型载重汽车(载质量≤2t的货车)、四轮低速货车(原四轮农用车)、三轮汽车、摩托车、非机动车交通混合行驶。

3.2 设计速度

3.2.1 自然村(组)道路设计速度宜采用15km/h,地形地质条件受限路段经论证后可适当降低,但最低不得低于5km/h。地形地质条件允许时宜采用20km/h及以上的设计速度,技术指标按照现行《公路工程技术标准》(JTG B01)执行。

3.2.2 村内主干道设计速度宜采用10km/h,巷道及入户道路对设计速度不做要求。

3.3 建筑限界

3.3.1 自然村(组)通硬化路建筑限界如图3.3.1所示。

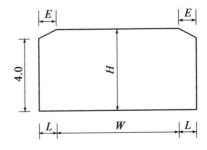

图 3.3.1　自然村(组)通硬化路建筑限界(尺寸单位:m)

图 3.3.1 中，H 为净空高度，自然村(组)通硬化路净高应为 4.5m；受特殊条件限制时，净高可减至 4.0m，但必须设置限高标志；W 为行车道宽度；L 为侧向宽度，为路肩宽度减去 0.25m；设置护栏时，应根据护栏需要的宽度加宽路基；E 为建筑限界顶角宽度，$E=L$。

3.3.2 设置港湾式汽车停靠站、错车道等路段，行车道宽度应包括该部分的宽度。

4 路　线

4.1 一般规定

4.1.1 路线选线应结合区域环境、地质、水文条件，合理利用地形，满足使用功能，保证行车安全。

4.1.2 路线设计应综合考虑平面、纵断面、横断面技术要素的整体均衡性，并注重与环境和自然景观相协调。

4.1.3 圆曲线半径较小或纵坡较大的路段，应设置速度控制设施。

4.1.4 路线交叉前后的线形应选用较高的平面、纵断面技术指标，使之具有较好的通视条件。

4.1.5 路线设计时应考虑标志、标线的设置；交通安全设施应与路线同步设计，充分体现路线设计意图。路侧设计受限的路段，应合理设置相应的安全防护设施。

4.1.6 线形设计应考虑港湾式汽车停靠站、错车道、综合服务中心、乡村旅游设施等沿线设施布设的要求。

4.2 平面

4.2.1 平面线形设计应符合下列要求：

1 平面线形应直捷、连续、均衡，并与地形相适应，与周围环境相协调。

2 不论转角大小均应敷设曲线，并宜选用较大的圆曲线半径。

3 在高填方路段设置平曲线时，宜采用较大半径的圆曲线，并设置具有诱导功能的交通设施。

4 两相邻反向圆曲线无超高时可径相衔接，无超高有加宽时应设置长度不小于10m的加宽过渡段；两相邻反向圆曲线设有超高时，地形条件特殊困难路段的直线长度不得小于15m。

5 平面应避免连续急弯的线形。存在连续急弯的路段，应设置必要的警示、警告标志。

4.2.2 圆曲线的运用应符合下列要求：

1 受地形地物限制需采用小半径曲线时，必须设置必要的交通安全设施。圆曲线最小半径应符合表4.2.2的规定。

圆曲线最小半径　　　　　　　　　表4.2.2

设计速度(km/h)	15	10	5
极限最小半径(m)	12	10	8
一般最小半径(m)	20	15	10
不设超高最小半径(m)	90	60	—

2　圆曲线半径宜采用大于或等于表4.2.2所列的一般最小半径。受地形条件限制时,可采用极限最小半径,并应设置必要的交通安全设施。

3　当圆曲线半径小于表4.2.2所列不设超高的最小半径时,应在圆曲线上设置超高。圆曲线最大超高宜采用2%。

4.2.3　圆曲线加宽应符合下列规定：

1　圆曲线半径小于或等于250m时,应设置加宽。加宽值应符合表4.2.3的规定。

单车道路面加宽值　　　　　　　　　表4.2.3

圆曲线半径(m)	250~≥200	<200~≥150	<150~≥100	<100~≥70	<70~≥50	<50~≥30	<30~≥25	<25~≥20	<20~≥15	15以下
加宽值(m)	0.20	0.25	0.35	0.45	0.60	0.90	1.00	1.30	1.60	2.50

2　直线与小于表4.2.2不设超高的圆曲线最小半径相连接处,应设超高加宽过渡段,其渐变率应小于1:15,且渐变段最小长度不小于10m。

4.3　纵断面

4.3.1　纵断面线形设计应符合下列要求：

1　纵断面线形应平顺、圆滑、视觉连续,并与地形相适应,与周围环境相协调。

2　纵坡设计应考虑填挖平衡,并利用挖方就近作为填方,以减轻对自然地面横坡与环境的影响。

3　相邻纵坡之代数差小时,应采用大的竖曲线半径。

4　路线交叉处前后的纵坡应平缓。

4.3.2　最大纵坡应不大于表4.3.2的规定。

最 大 纵 坡　　　　　　　　　表4.3.2

设计速度(km/h)	15	10	5
最大纵坡(%)	12	13	14

注：1.特殊困难地段,经分析、论证并保证安全的前提下最大纵坡可适当增加。
　　2.陡坡路段应采用抗滑性能较好的路面,并加强安全防护等措施。

4.3.3　自然村(组)通硬化路不宜采用最大纵坡值和不同纵坡最大坡长值,只有在为争取高度利用有利地形,或避开工程艰巨地段等不得已时,方可采用。

4.3.4　纵坡长度应符合下列规定：

1　纵坡的最小坡长应符合表4.3.4-1的规定。

最小坡长 表4.3.4-1

设计速度(km/h)	15	10(5)
最小坡长(m)	45	40

2 不同纵坡最大坡长应符合表4.3.4-2的规定。

不同纵坡的最大坡长 表4.3.4-2

纵坡(%)	5	6	7	8	9	10	11	12	13	14
坡长(m)	1100	900	700	500	400	300	250	200	150	100

4.3.5 连续上坡(或下坡)路段,应在不大于最大坡长之间设置缓和坡段。缓和坡段长度应符合最小纵坡长度的要求。缓和坡段的纵坡不宜大于3%,特殊困难路段经论证后不应大于4%。

4.3.6 越岭路线连续上坡(或下坡)路段,一般情况下,相对高差为200~500m时平均纵坡不宜大于5.5%;相对高差大于500m时平均纵坡不宜大于5%,且任意连续3km路段的平均纵坡不宜大于5.5%。不能满足上述要求时,应进行必要的安全分析论证,并采取增设交通安全设施等措施。

4.3.7 竖曲线应符合下列规定:

1 纵坡变化处应设置竖曲线,竖曲线最小半径与最小长度应符合表4.3.7的规定。

竖曲线最小半径和最小长度 表4.3.7

设计速度(km/h)	15	10(5)
竖曲线最小半径(m)	75	75
竖曲线最小长度(m)	15	12

2 竖曲线应选用较大的半径。当条件受限制时,宜采用大于或接近于竖曲线最小半径的"一般值"。地形条件特殊困难而不得已时,方可采用竖曲线最小半径的"极限值"。

3 同向竖曲线间,特别是同向凹形竖曲线之间,直线坡段接近或达到最小坡长时,宜合并设置为单曲线或复曲线。

4.4 视距

4.4.1 平曲线和竖曲线上的停车、会车视距,应不小于表4.4.1的规定。

视距 表4.4.1

设计速度(km/h)	15	10	5
停车视距(m)	15	10	5
会车视距(m)	30	20	10

4.5 平纵线形组合设计

4.5.1 线形组合设计应遵循下列原则：

1 平纵面设计应在安全、经济的条件下，注意线形设计，力求做到平、纵线形要素合理组合，避免或减少不利组合，提高线形质量，确保行车安全。

2 线形组合设计中，各技术指标除应分别符合平面、纵断面规定值外，还应考虑横断面对线形组合与行驶安全的影响。应避免平面、纵断面、横断面的最不利值相互组合设计。

3 在确定平面、纵断面的各相对独立技术指标时，各自除应相对均衡、连续外，还应考虑与之相邻路段的各技术指标值的均衡、连续。

4.5.2 线形组合设计应符合下列要求：

1 相邻平曲线半径变化要尽量连续均衡，避免突变。

2 长直线不宜与坡陡或半径小、长度短的竖曲线组合。

3 应避免在长下坡路段、长直线路段或大半径圆曲线路段的末端接小半径圆曲线的组合。

4 应避免凸形竖曲线顶点与小半径反向平曲线拐点相重合。

5 应尽量避免急弯与陡坡相重合。

6 受条件限制出现上述不利情况时，应采取保证行车安全的其他措施，如改善路面结构、调整超高横坡度、加强安全防护设施、加宽路基、设置限速标志、设置视线诱导标志、增设减速设施等。

5 路 基

5.1 一般规定

5.1.1 路基应结合当地自然条件(包括气候、地质、水文、路用材料情况等)和施工方法进行综合设计,保证其具有足够的强度、稳定性、耐久性与经济合理性。

5.1.2 应结合路面排水,做好排水设计。

5.1.3 路基取(弃)土应进行专门设计,并符合环保要求。

5.1.4 路基设计洪水频率应参考当地水文要素,结合乡村振兴发展规划、排洪、泄洪等情况综合确定,不宜低于1/15。

5.1.5 路基设计应考虑水和冰冻对路基性能的影响,设置完善的防排水系统或防冻害设施,以及必要的路基防护工程。

5.2 路基宽度

5.2.1 路基宽度为行车道宽度与路肩宽度之和。自然村(组)道路、村内主干道路基宽度宜采用4.5m及4.5m以上,原有路基宽度大于设计采用值时,应维持原路基宽度不变。

5.2.2 路基宽度应符合表5.2.2的规定。

路 基 宽 度　　　　表5.2.2

车道数	单车道		
路基宽度(m)	4.5	4.0	3.5
行车道宽度(m)	3.5	3.5	3.5
路肩宽度(m)	0.5	0.25	—
路基横断面图			

注:自然村(组)道路、村内主干道改扩建时,局部困难、受限路段无法满足单车道路基宽度要求时,可维持原路基宽度不变,并应不低于3.5m。

5.2.3 路基横断面设计应符合下列规定：

1 横断面设计应注重路侧安全，做好路肩及各组成部分的细节设计。在有条件的地区或路段，积极采用低路基、缓边坡、宽浅边沟等断面形式。

2 横断面范围内的排水设计应自成体系、满足功能要求。设置在紧靠车道的边沟，其断面宜采用浅碟形或漫流等方式。当采用矩形或梯形边沟时，应加设盖板。

3 冬季积雪路段、工程地质病害严重路段等可适当加宽路基，改善行车条件。

5.3 错车道

5.3.1 自然村（组）通硬化路宜在不大于300m的距离内选择有利地点设置错车道，并使驾驶员能看到相邻两错车道之间的车辆，临崖、陡坡路段可根据地形条件适当加密。

5.3.2 设置错车道路段路基宽度应不小于6.5m，有效长度不得小于10m，渐变段不小于5m。错车道纵坡不宜大于5%。错车道平面布置如图5.3.2所示。

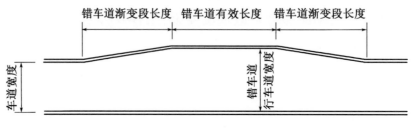

图5.3.2 错车道平面布置图

5.4 路基高度

5.4.1 路基设计高度应使路肩边缘高出路基两侧地面积水高度，同时考虑地下水、毛细水和冰冻的作用。

5.4.2 路基设计高程为路基边缘高程；在设置超高加宽路段，为设置超高加宽前的路基边缘高程。

5.4.3 沿河及受水浸淹的路基设计高程，应高出设计洪水频率的计算水位0.5m以上。

5.5 路基填料

5.5.1 路基填料最小承载比应符合表5.5.1的规定。

路基填料最小承载比要求　　　　表5.5.1

路基部位	路面底面以下深度(m)	填料最小承载比 CBR(%)
路床	0~0.3	5
路床	0.3~0.8	3
路堤	0.8~1.5	3
路堤	>1.5	2

5.5.2 泥炭、淤泥、冻土、强膨胀土、有机质土及易溶盐超过允许含量的土等,不得直接用于填筑路堤。季节冻土地区路床及浸水部分的路堤不应直接采用粉质土填筑。

5.5.3 液限大于50%、塑性指数大于26的细粒土,不得直接作为路堤填料。

5.6 路基压实

5.6.1 路堤基底应清理和压实。在一般土质地段,基底压实度不应小于85%(重型击实)。基底强度、稳定性不足时,应进行处理,以保证路基稳定,减少工后沉降。路基应有足够的压实度,压实度应符合表5.6.1的要求。

路基压实度 表5.6.1

填挖类别	零填及挖方	填方		
路床顶面以下深度(m)	0~0.3	0~0.8	0.8~1.5	>1.5
路基压实度(%)	≥94	≥94	≥93	≥90

注:1. 表列数值均为重型击实标准。
2. 当采用砂石或砖块、片(块)石、水泥混凝土预制块等路面结构时,特殊干旱或特殊潮湿地区的路基压实度可适当降低。

5.6.2 路床顶面回弹模量不应低于30MPa,采用沥青混凝土路面和水泥混凝土路面时不应低于40MPa。

5.7 路基边坡

5.7.1 路基边坡形式及坡率,应根据工程实际地形、地质与水文条件、边坡高度、排水措施及施工方法,并参考当地同类条件下稳定的路基边坡设计和施工经验综合确定。

5.7.2 路堤边坡坡率应符合下列规定:
1 路堤边坡坡率应根据填料的物理力学性质、边坡高度和工程地质条件确定。
2 地质条件良好,边坡高度不大于20m时,其边坡坡率不宜陡于表5.7.2的规定值;边坡高度大于20m时,应进行专项设计。

路堤边坡坡率 表5.7.2

填料类别	边坡坡率	
	上部高度(≤8m)	下部高度(≤12m)
细粒土	1:1.5	1:1.75
粗粒土	1:1.5	1:1.75
巨粒土	1:1.3	1:1.5

5.7.3 路堑边坡坡率应符合下列规定:
1 路堑边坡坡率应根据工程地质与水文地质条件、边坡高度、施工方法等,并结合自然稳定山坡和人工边坡的调查及力学分析综合确定。

2 边坡高度不大于20m的土质路堑边坡坡率不宜陡于表5.7.3-1所列规定值;边坡高度大于20m时,应进行专项设计。

土质路堑边坡坡率　　　　　　表5.7.3-1

一般土质类别		边坡坡率
黏土、粉质黏土、塑性指数大于3的粉土		1:1
中密以上的中砂、粗砂、砾砂		1:1.5
卵石土、碎石土、圆砾土、角砾土	胶结和密实	1:0.75
	中密	1:1

3 边坡高度不大于30m的岩质路堑边坡坡率可采用表5.7.3-2所列规定值;边坡高度大于30m时,应进行专项设计。

岩质路堑边坡坡率　　　　　　表5.7.3-2

边坡岩体类型	风化程度	边坡坡率	
		$H<15m$	$15m \leq H<30m$
Ⅰ类	未风化、微风化	1:0.1~1:0.3	1:0.1~1:0.3
	弱风化	1:0.1~1:0.3	1:0.3~1:0.5
Ⅱ类	未风化、微风化	1:0.1~1:0.3	1:0.3~1:0.5
	弱风化	1:0.3~1:0.5	1:0.5~1:0.75
Ⅲ类	未风化、微风化	1:0.3~1:0.5	—
	弱风化	1:0.5~1:0.75	—
Ⅳ类	弱风化	1:0.5~1:1	—
	强风化	1:0.75~1:1	—

4 边坡高度不大于20m的红黏土、高液限土、膨胀土、黄土等特殊土质路堑边坡坡率可参照附录A所列规定值。

5.7.4 路基填挖交界处理

1 路基纵向填挖交界结合部宜设置过渡段,过渡段应进行增强补压。

2 填方区地表横坡大于1:5时,应在原地面开挖台阶,台阶宽度不应小于2m。当路基稳定性不足时,应采取改善基底条件或设置支挡工程等措施。

5.8 路基防护

5.8.1 路基防护类型应根据当地气候、工程地质及材料等情况确定,宜采用植物防护与工程防护相结合的防护形式。适宜于植物生长的边坡上,应优先采用植物防护措施。

5.8.2 不稳定边坡、易受洪水浸淹和冲刷的沿河路段,应设置挡土墙、内护墙、护面墙等工程措施。

5.9 路基排水

5.9.1 路基排水应根据沿线地形、地质、气象、水文等自然条件进行设计,防、排、疏相结合,与沿线路基防护、桥涵及农田排灌系统相协调,形成良好的排水系统。

5.9.2 自然村(组)路段排水系统应与村镇现有或规划的排水系统和排水设施做好衔接。

5.9.3 边沟宜优先采用三角形、浅碟形断面形式,常用边沟形式如图5.9.3所示。

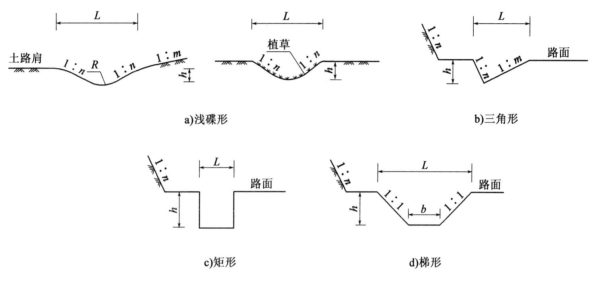

图5.9.3 常用边沟形式

5.9.4 穿越自然村(组)或有灌溉需求的路段,可选用盖板边沟、暗埋式边沟或管式边沟等形式。

5.9.5 横向排水不畅的路段或长路堑路段,采用小于0.3%的纵坡时,其边沟应进行纵向排水设计。

5.9.6 排水沟一般采用梯形、U形断面,纵坡不宜小于0.3%。

5.9.7 填方路基边坡高度较高、地面纵坡较陡路段,应设置急流槽与边沟、排水沟、截水沟衔接,将水引排至桥涵或自然沟谷中。急流槽一般采用水泥混凝土现浇,在冲沟或陡坎路段宜采用高密度聚乙烯(HDPE)、聚乙烯(PE)等地埋管式急流槽,急流槽端头需设消力池。

5.9.8 低填浅挖路基、寒冷冰冻地区、地表水和地下水较丰富的路段,应采取防、拦、引、排等相结合的方式对地面水进行疏导和治理,并适当提高路基高度,填筑水稳性较好的材料,或采用路基纵、横向盲沟等措施,防止路基路面发生冻胀和翻浆病害。

5.10 取(弃)土

5.10.1 取(弃)土原则上采用集中取(弃)土。取(弃)土场应选择荒地或小山包等地貌易恢复的位置,且完工后应及时进行地貌恢复。取(弃)土场应设置必要的防护及排水设施。

5.10.2 应重视腐殖土的保护和利用,道路建设时应将取(弃)土场范围内的地表草皮和腐殖土铲除集中堆放,以便地表恢复、回填和植被恢复时利用。

6 路 面

6.1 一般规定

6.1.1 路面设计应坚持"因地制宜、就地取材、耐久适用、便于养护"的原则。鼓励采用新技术、新材料、新工艺。

6.1.2 路面应具有足够的强度、稳定性和耐久性,面层应满足平整度和抗滑性能的要求。

6.2 设计使用年限

6.2.1 通硬化路路面设计使用年限应符合表 6.2.1 的规定。

路面设计使用年限 表 6.2.1

路 面 类 型	设计使用年限(年)
沥青混凝土路面	6
水泥混凝土路面	8
块体类路面(预制混凝土块、块石)	8

6.3 路面结构设计

6.3.1 路面结构应由面层、基层组成,根据需要可选择设置功能层。路床为石质的路段,当采用水泥混凝土路面时,可由调平层和面层组成。

6.3.2 对于陡坡、急弯或冬季易积雪的路段,宜采用具有振荡警示作用且抗滑性能良好的块体类路面。

6.3.3 筑路材料匮乏时,可选用青红砖路面或拳石、块石、预制块等路面类型。高寒阴湿地区可选用天然砂砾路面,不宜选用青红砖路面。

6.3.4 路面结构层厚度应不小于表 6.3.4 的规定。

各类路面结构层最小厚度值 表 6.3.4

路 面 形 式	结构层类型	结构层最小厚度(cm)
水泥路面面层	水泥混凝土	15

续上表

路面形式	结构层类型		结构层最小厚度(cm)
沥青路面面层	沥青混凝土		4
其他路面面层	块体类	水泥混凝土预制块	12
		青红砖	12
		不整齐块石	16
		整齐块石	12
	级配碎石、级配砾石、泥结碎石、泥灰结碎石		10
	砂石(粗粒、砾石、碎石、砂砾)		15
路面基层	水泥稳定类		15
	石灰稳定类		15
	工业废渣类(炉渣、煤渣、矿渣等)		15
	级配碎(砾)石、未筛分碎石、天然砂砾		10
	填隙碎石、二灰碎石		8
路面垫层	天然砂砾		10

注:1. 巷道及入户道路采用水泥混凝土路面时,面层最小厚度采用12cm。
   2. 路面结构应优先选用当地路面典型结构;当缺乏相应资料时,可根据条件参照本指南附录B选用路面结构。

6.3.5 沥青路面宜设置水泥混凝土预制块或青红砖路缘石。

6.3.6 水泥混凝土路面设计应符合现行《公路水泥混凝土路面设计规范》(JTG D40)的规定,并满足下列要求:

1 水泥混凝土面层的纵向接缝应设置拉杆,拉杆应采用螺纹钢筋。横向接缝处应设置传力杆,传力杆应采用光圆钢筋。胀缝、施工缝和自由边的角隅以及缩缝的角隅,宜配置角隅钢筋。

2 水泥混凝土面层基础薄弱的自由边缘、接缝为未设传力杆的平缝或与其他类型路面相接处,可在面层边缘下部配置钢筋。

3 相交道路弯道加宽部分的接缝布置,应不出现或少出现错缝和锐角板;当出现错缝、锐角板时,宜加设防裂钢筋和角隅补强钢筋。

4 水泥混凝土路面面层设计强度应采用28d龄期的弯拉强度,设计强度不应低于4.0MPa。

6.3.7 采用混凝土预制块路面时,水泥混凝土预制块应采用工厂化预制,其抗压强度不得低于25MPa。

6.3.8 旧水泥混凝土路面有利用价值时,可采用沥青混凝土加铺方案。水泥混凝土路面铺筑沥青面层时,沥青混合料厚度不宜小于4cm。

6.3.9 水泥或石灰稳定类基层压实度应不小于95%,级配碎(砾)石材料基层压实度应不小于97%。

6.4 路面排水

6.4.1 应根据当地降水与路面的具体情况设置必要的排水设施,及时将降水排出路面,保证行车安全。路面排水一般由路面横坡、边沟等组成。

6.4.2 路肩可采用土路肩、碎(砾)石、浆砌片石及现浇水泥混凝土加固。

6.4.3 路面路拱坡度一般采用 1.0%~2.0%。

7 过水设施

7.1 漫水桥、过水路面

7.1.1 自然村（组）通硬化路容许有限度地中断交通时，季节性的宽浅河流路段可采用漫水桥或过水路面。有常流水的过水路面宜设置单孔或多孔涵洞。过水路面及漫水桥路段应设置完善的交通安全设施。

7.1.2 过水路段位置的选择应根据其用途和近、远期交通流向和流量的需要，结合路线平面、纵断面和水文、地形、地质等条件，以及对邻近构筑物和公用设施的影响大小等要求综合考虑，合理确定结构形式、规模，并加强引道路基防护，提高抗冲刷、抗水毁能力。

7.1.3 漫水桥、过水路面的两侧应设置水深导向标柱，间距宜为4m，高出设计洪水频率的计算水位0.5m。

7.1.4 过水路面应对上、下游边坡进行浆砌片石或混凝土铺砌，并设置相应的消力和防冲设施。路面面层宜采用钢筋混凝土或水泥混凝土，基层宜采用水泥稳定粒料或浆砌片石。

7.1.5 为防止桥梁上部结构在洪水浮力和冲击力作用下发生松动或移位，漫水桥应尽量减少桥面和桥墩的阻水面积，并加强上部结构与墩台的连接，增强整体性和横向稳定性。

7.2 桥梁、涵洞

7.2.1 桥梁、涵洞应按照现行《小交通量农村公路工程技术标准》（JTG 2111）规定的四级公路（Ⅱ类）技术标准进行设计，并满足其他现行相关标准、规范的规定。

7.2.2 桥位宜选择河道顺直、水流稳定、河床地质良好的河段。

7.2.3 新建桥涵应采用技术成熟、方便施工、经济适用的标准中小跨径结构形式。

7.2.4 桥梁及桥头引道的平、纵、横指标，应与路线总体布设相协调，并应符合下列规定：

1 中桥纵坡不宜大于4%，桥头引道纵坡不宜大于6%。小桥纵坡宜与路线纵坡一致，且不得大于9%。位于村镇混合交通繁忙处的桥梁，桥上纵坡和桥头引道纵坡均不得大于3%。

2 对于易结冰、积雪的桥梁，桥上纵坡宜适当减小。

7.2.5 涵洞设计应符合下列规定：

1 涵洞设置应满足路基排水及泄洪要求,灌溉涵应充分考虑农田水利及自然水系排灌与周围灌溉的系统衔接。

2 涵洞宜根据当地材料采用经济适用、方便施工与养护的圆管涵、盖板涵、波纹钢管涵等结构形式,跨径不宜小于0.75m。

3 涵洞进出口工程应完善,涵顶填土应满足最小厚度要求。

4 排水不畅路段,应通过增设涵洞等排水设施进行疏导。

8 路线交叉

8.0.1 自然村(组)通硬化路平面交叉应优先保证主要交通流顺畅,尽量减少冲突点,且视距良好,确保行车和行人安全。

8.0.2 平面交叉范围内相交的路线线形的技术指标应满足视距和转弯半径的要求。

8.0.3 自然村(组)通硬化路与公路相交时,应根据地形条件、被交公路的技术等级,选择合理的交叉方式。

8.0.4 当自然村(组)通硬化路穿越高速公路、一级公路时,应充分利用现有通道、桥梁和车行天桥。下穿通道、桥梁时,净高应满足建筑限界要求,并应做好防排水设计。

8.0.5 自然村(组)通硬化路相互交叉时,宜采用平面交叉;平面交叉口宜正交,需斜交时,交叉角宜大于45°。

8.0.6 平面交叉口范围内的平面线形宜采用直线。纵坡应尽可能平缓,纵坡不宜大于3%。平面交叉加铺转角时,半径应不小于5m。

8.0.7 每条岔路的转弯车道均应满足与行驶速度相适应的引道视距,引道视距在数值上等于停车视距,如图8.0.7所示。

8.0.8 两相交道路间,由各自停车视距所组成的三角区内不得存在任何有障通视的物体,如图8.0.8所示。

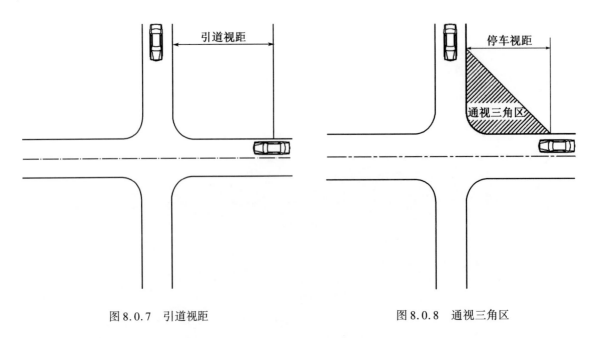

图 8.0.7 引道视距　　　　　图 8.0.8 通视三角区

8.0.9 条件受限制不能保证由停车视距所构成的通视三角区时,应保证主要道路的安全交叉停车视距和次要道路至主要道路车道中心线 5～7m 所组成的通视三角区,如图 8.0.9 所示。

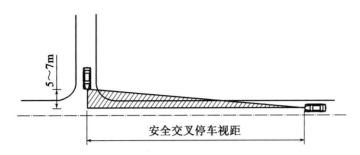

图 8.0.9 安全交叉停车视距通视三角区

8.0.10 安全交叉停车视距应符合表 8.0.10 的规定。

安全交叉停车视距　　　　　　表 8.0.10

设计速度(km/h)	80	60	40	30	20	15
安全交叉停车视距(m)	175	115	70	55	35	25

注:交叉口不得设置在受限路段。

9 交通安全设施

9.1 一般规定

9.1.1 自然村(组)通硬化路应结合路线线形、路面类型、地形、地貌等条件,设置必要的交通安全设施。

9.1.2 急弯、陡坡、临河临崖、交叉路口、学校等路段应通过设置完善的标志、标线、警示警告等交通安全设施,增强道路的使用安全性能。

9.1.3 自然村(组)通硬化路交通安全设施的设计参照《甘肃省建制村通沥青(水泥)公路安全生命防护工程技术指南(试行)》执行。安全保护措施形式可按附录C参考选用。

9.2 标志

9.2.1 自然村(组)通硬化路的安全设施中采用的标志主要包括警告标志、禁令标志、指示标志、指路标志、旅游区标志和辅助标志等,如图9.2.1所示。

图9.2.1 标志示意图

9.2.2 自然村(组)通硬化路沿线经过村庄时,应设置村庄标志,村庄标志可与地名标志联合使用。经过学校时,应提前设置注意儿童标志并设置人行横道线,及时提醒驾驶员减速慢行。

9.2.3 设置一般最小半径的弯道前应设置急弯标志。道路宽度变化的路段,傍山、落石、沿河、横风、积雪、过水路面、漫水桥等危险路段应设置相应的警告标志,并根据实际情况配以禁令标志或辅助标志。

9.3 标线

9.3.1 沥青路面和水泥混凝土路面可根据需要设置交通标线。

9.3.2 在人口密集、急弯陡坡路段,应提前设置减速带、人行横道提示线等,以提示驾驶员减速慢行、安全驾驶。

9.3.3 在平交路口处宜设置停车让行线、减速带等设施,提示驾驶员减速慢行,注意行车安全。

9.3.4 跨线桥墩柱立面、限高限宽设施及其他障碍物立面上宜设置立面标记。

9.4 护栏

9.4.1 自然村(组)通硬化路应因地制宜,合理选用波形梁、混凝土、缆索、木纹和具有当地自然风情相适宜的护栏,技术指标参照现行《公路护栏安全性能评价标准》(JTG B05)及相关规范要求执行。

9.4.2 自然村(组)通硬化路宜选用C级、B级护栏,桥梁段应设置B级及以上防护等级的护栏。

9.4.3 急弯、陡坡、沿河、临崖、高路堤等路段必须设置防撞护栏。

9.5 视线诱导设施和警示设施

9.5.1 陡坡接急弯的外侧或凸曲线接急弯的外侧、急弯、视距不良路段,应设置线形诱导标志、示警桩及凸面镜等视线诱导设施。

9.5.2 自然村(组)通硬化路与等级公路平交时,应在平交道口处设置道口桩,以提示驾驶员注意道口车辆出入,保障行车安全。

9.6 路名牌、里程碑

9.6.1 在道路两端或交叉口处应设置路名牌。

9.6.2 在道路前进方向整公里桩号的右侧,可设置里程碑。

10 沿线设施

10.0.1 人口密集、特色产业、旅游资源丰富的区域,必要时可设置港湾式汽车停靠站、综合服务中心、乡村旅游设施等沿线设施。

10.0.2 沿线设施应综合考虑安全、经济、环保等因素,坚持统筹规划、总体设计、分步实施的原则。

10.0.3 沿线设施应设置在平纵指标较高的路段,避免设置于长下坡坡底、陡坡急弯等不良路段。

10.0.4 港湾式汽车停靠站可设置乘车台、车站牌、候车雨棚、候车凳等设施。平曲线半径小于150m,纵坡大于3%的路段,不得设置港湾式汽车停靠站。

10.0.5 综合服务中心的设置应统筹考虑农产品展销区、停车场、休息区、加油(气)站、充电桩、公共厕所等使用功能要求。

10.0.6 为保障车辆和行人安全,方便人民生活及美化环境,人口密集的自然村(组)通硬化路有条件时可设置照明设施。

10.0.7 在旅游景区、环境优美、自然条件较好的路段,应根据乡村旅游发展规划和需要,可在条件允许地段设置观景台、自驾车露营地等乡村旅游设施,可配套设置可变信息板等情报信息设施。

10.0.8 有旅游功能和健身需求设置慢行系统时,慢行系统应与自然村(组)通硬化路建设统筹考虑,建设标准应符合相关规范要求。

10.0.9 观景台应结合景点分布、地形地质条件、施工临时场地等灵活布设。观景台设置应充分考虑车辆停靠和旅客上下车安全,停靠车道长度至少满足3~4辆小客车停靠,宽度不小于3m,长度不小于20m。

10.0.10 自驾车露营地占地面积不小于1500m^2,每个自驾车营位面积不小于50m^2,由停车位和帐篷位组成。

10.0.11 自驾车露营地选址应在背阴背风,远离地质灾害、山洪暴发、野生动物侵袭等危险区域。厕卫设施宜集中布设于靠山内侧及排水下游方向,并采用环保型活动厕所。

11 工程造价

　　自然村(组)通硬化路建设工程设计预算,是设计文件的重要组成部分。应参照《公路工程造价管理暂行办法》(交通运输部令2016年第67号)、现行《公路工程建设项目造价文件管理导则》(JTG 3810)、《关于在农业农村基础设施建设领域积极推广以工代赈方式的意见》(发改振兴〔2020〕1675号)等管理制度和现行《公路工程建设项目概算预算编制办法》(JTG 3830)、《甘肃省执行交通运输部〈公路工程建设项目投资估算编制办法〉〈公路工程建设项目概算预算编制办法〉的补充规定》(甘交建设〔2020〕6号)等行业性计价标准编制。

二、施工篇

12 总体要求

12.0.1 自然村(组)通硬化路建设应遵守国家生态环境保护、土地管理的有关法律法规,尽量保护原有植被地貌,防止噪声和粉尘污染。

12.0.2 项目开工前首先全面熟悉设计图纸,并对设计文件进行现场核查,相关专业技术人员应进行技术交底及安全交底。

12.0.3 施工单位应根据现场收集到的资料、核实的工程数量,按工期要求编制可实施的施工组织设计,制定安全作业方案,严格按照设计文件和现行标准规范要求进行施工。

12.0.4 自然村(组)通硬化路建设宜采用机械化施工。预制厂、拌和站不得占用河道、耕地,并应尽量远离居民区、学校等敏感区。施工结束后应对临时场地进行原貌恢复。

12.0.5 外购的水泥、钢筋、构件等材料均应有产品合格证,砂石料应有合格试验检测报告,其质量应符合国家和行业现行相关标准的规定。

12.0.6 上一道工序未经验收合格不得进行下一道工序施工。分项工程、分部工程、单位工程完成后应按有关规定进行中间交接检查,交接验收前应按现行《公路工程质量检验评定标准 第一册 土建工程》(JTG F80/1)的要求进行自检。自检合格后编制符合要求的交接资料,申请进行交接验收。

13 路基工程

13.1 一般规定

13.1.1 路基应具有足够的强度和稳定性,并达到边坡稳定、排水畅通、防护结构稳定的要求。路基坡度、压实度、工后沉降应满足现行《公路路基施工技术规范》(JTG/T 3610)的有关规定。

13.1.2 路基施工取土和弃土时,应符合环保要求,原则上采用集中取(弃)土,取(弃)土场应设置必要的防护及排水设施,防止水土流失。完工后应对取(弃)土场进行修整。施工过程中应做好临时防排水工程。

13.1.3 路基施工必须遵守国家文物保护的法律法规,遇有文物时,应立即停止施工,并保护好现场,会同有关单位妥善处理。

13.2 路基施工

13.2.1 路基填方应根据填料性质,水平分层、分段填筑、分层压实,路基上部宜采用水稳性好或冻胀敏感性小的填料。

13.2.2 同一水平层路基全宽应采用同一种填料,不得混合填筑。接头部位如不能交替填筑,先填筑路段应按1:1～1:2坡度分层预留台阶。如能交替填筑,应分层相互交替搭接,搭接长度应不小于2m。

13.2.3 路基挖方应自上而下逐级进行,严禁掏底开挖。用作路基填料的土方,应分类开挖,分类使用。零填及路堑土方开挖后应及时进行路床施工。

13.2.4 石方开挖施工应逐级开挖、逐级整修,同时清理危石及松动石块。

13.2.5 路床填筑每层最大压实厚度宜不大于300mm,顶面最后一层压实厚度应不小于100mm。

13.2.6 施工机械应考虑工程特点、土石种类及数量、地形、填挖高度、运距、气候条件、工期等因素合理确定。

13.2.7 原地面坑、洞、穴等,应在清除沉积物后,用合格填料回填压实。含草皮、生活垃圾、树根、腐殖质的土严禁作为填料。

13.3 防护

13.3.1 挡土墙施工前,应做好截、排水及防渗设施。岩体破碎、土质松软或地下水丰富地段修建挡土墙,宜避开雨季施工。

13.3.2 挡土墙基坑开挖宜分段跳槽进行,采用倾斜基底时,基底高程应按设计控制,不得超挖填补。

13.3.3 挡土墙端部伸入路堤或嵌入挖方部分应与墙体同时砌筑,与边坡间的空隙应采用黏土或其他材料夯填封闭。

13.3.4 挡土墙混凝土或砂浆强度达到设计强度的75%后及时分层回填夯实,回填应在表面留3%的向外斜坡。

13.3.5 挡土墙墙身施工时,混凝土墙身应水平、分层、连续浇筑,分层振捣,分层厚度应不超过300mm。

13.3.6 内护墙墙背应与路基坡面密贴,边坡局部凹陷处应挖成台阶后采用与墙身相同的圬工砌补。

13.4 排水

13.4.1 边沟、排水沟、截水沟等地表排水设施迎水侧不得高出地表,局部有凹坑时应填平处理。边沟纵坡应平顺。

13.4.2 截水沟应先行施工,与其他排水设施衔接时应平顺,纵坡不小于0.3%。不良地质路段沟底、沟壁、出水口应进行防渗及加固处理。

14 路面工程

14.1 水泥混凝土路面

14.1.1 水泥应采用硅酸盐水泥。不同强度等级、厂牌、出厂日期的水泥,不得混合堆放,并严禁混合使用。

14.1.2 砂必须采用质地坚硬、洁净、符合规定级配细度模数在2.5以上的中粗砂,砂的含泥量不大于3%。

14.1.3 碎石应质地坚硬、强度≥Ⅲ级、压碎值≤30%、最大粒径不大于4cm。碎石颗粒的形状近于正方形或球形,针片状颗粒含量不超过20%,且小于2.5mm的颗粒含量不大于5%。

14.1.4 接缝材料应坚韧而富有弹性,易阻止砂、石嵌入,自由伸张无阻,具有良好的封水性能,能与板缝黏结牢固,避免水分渗入,耐油、耐磨、耐晒。缩缝和施工缝的灌缝材料一般采用沥青,胀缝材料一般常用浸蘸沥青的软木板、木纤维板等。

14.1.5 混凝土应采用机械拌和,拌合物应均匀一致,搅拌好的混合料出料至运输车辆时应测定坍落度。混凝土的运输应根据施工进度、运量、运距及路况,选配车型和车辆总数。

14.1.6 水泥混凝土路面铺筑的工艺流程大致分为放样→立模→清扫→布料→整平→振动棒振捣→平板振动器振实→振动梁振平→滚筒提浆→抹平→压纹或拉毛→覆盖洒水养护→拆模→切缝→填缝。

14.1.7 水泥混凝土路面刻槽、拉毛工作应在抹平后的板面上无波纹水迹时进行(一般在初凝前进行),使板面有一定的粗糙度。刻槽、拉毛可用钢丝刷、塑料刷、压毛辊沿横坡方向进行,压出深3~4mm的纹理,特殊路段(弯道、陡坡)适当加深加宽。

14.1.8 水泥混凝土路面施工完毕后,应及时养护,在高温、干燥、大风天,应对路面进行遮盖,并适时均匀洒水。

14.1.9 当混凝土面层抗压强度不低于8.0MPa时,即可拆除模板。养护模板拆除不得损坏板边、板角,拆模不应敲击路面,其顺序应先拆模板支撑用料,后拆模板。拆模后应及时清理干净,板面应涂油防止生锈,并分规格堆放整齐。拆下的模板应有序堆放,不得压在刚拆完模的路面上。

14.1.10 当水泥混凝土强度达到设计强度的25%~30%时(12~14h),应及时进行伸缩缝切割。切缝不应有错位弯曲现象,一般按等距设置,间距最大不宜大于6m,最小不宜小于板宽。缝深度一般为混凝土路面设计厚度的 1/3。

14.2 沥青混凝土路面

14.2.1 沥青混凝土面层材料中的沥青一般采用 B 级道路石油沥青,有条件的可采用 A 级道路石油沥青,并严格按照设计要求进行采购。

14.2.2 沥青面层用粗集料,包括碎石、破碎砾石、筛选砾石等。拌和站场地要求硬化,各种集料应分别存储。粗集料应洁净、干燥、无风化、无杂质,具有足够的强度耐磨耗性。对受热易变质的集料,宜采用经拌和机烘干后的集料进行检验。

14.2.3 沥青路面的细集料包括天然砂、机制砂和石屑。自然村(组)通硬化路可采用天然砂、石屑。细集料应洁净、干燥、无风化、无杂质,并有适当的颗粒级配。天然砂通常采用粗、中砂。沥青混合料中天然砂的用量通常不宜超过集料总量的 20%。石屑是采石场破碎石料时通过 4.75mm 或 2.36mm 筛的筛余部分。机制砂宜采用专用制砂机制造,并选用优质石料生产。各种细集料级配应符合现行《公路沥青路面施工技术规范》(JTG F40)的相关要求。

14.2.4 沥青混合料的矿粉宜采用石灰岩或岩浆岩中的强基性岩石等憎水性石料经磨细得到的矿粉。矿粉应干燥、洁净,并能自由地从矿粉仓流出。

14.2.5 沥青混合料必须在沥青拌和厂(站)采用拌和机拌制。拌和时间应以混合料拌和均匀、沥青结合料均匀裹覆矿料颗粒为准。间歇式拌和机每盘的生产周期不宜小于 45s(其中干拌时间不少于 5s),连续式拌和机的拌和时间由上料速度及拌和温度调节。拌和出厂的沥青混合料应均匀一致、无结团成块或离析现象。

14.2.6 沥青混合料摊铺必须缓慢均匀连续摊铺。速度宜控制在 2~6m/min 范围内,并与拌和、运输匹配。

14.2.7 沥青混合料摊铺整平后,应立刻对其进行碾压。碾压过程中压路机驱动轮应面向摊铺机,行车方向应平行于路中线,从外侧向中心碾压,在坡道上应将压路机从低处向高处碾压。对路面边缘、加宽等大型压路机难于碾压的部位,宜采用小型振动压路机或振动夯板做补充碾压。

14.2.8 铺筑好的沥青层应严格控制交通,做好保护,保持整洁,不得造成污染。

14.3 块石路面

14.3.1 块石铺筑之前,直线段宜沿路中线每隔 5~10m 定横断面各点桩,曲线路段可适当加密。块石铺筑前应沿纵横向拉线控制平整度和高程。

14.3.2 纵坡路段和弯道超高路段应从低处向高处依次砌筑。砌筑后应检查块石的平整度和路拱横坡度,并应及时进行修正。

14.3.3 不整齐块石路面表面应平整密实,边线应整齐,块石应无松动,填缝砂填筑应饱满密实。

14.3.4 块石砌筑完成后,应采用废石渣或土加固路肩并夯实。

14.3.5 铺撒嵌缝料和压实应符合下列规定:

1 块石铺筑完成后铺撒嵌缝料并扫入接缝中,采用轻型压路机进行初压。

2 初压后应对破损、沉落、移位的块石进行调整或更换,然后再次铺撒嵌缝砂,并应采用重型压路机进行碾压。碾压完成后嵌缝应饱满,块石应紧密、平整。

3 对不整齐块石路面,应撒铺粒径为5mm以下的中砂或石屑,厚度宜为10~20mm,撒铺后即可开放交通。

14.4 混凝土预制块路面

14.4.1 预制块路面表面应平整、防滑、稳固、无翘动,缝线应直顺,灌缝应饱满,无反坡、积水现象。

14.4.2 预制块铺筑时可用木槌或胶锤将砌块锤打稳定、平整,不应损坏边角。

14.4.3 混凝土预制块路面铺筑完成后应均匀撒铺薄层嵌缝砂并扫入接缝中,采用小型振动碾压机碾压使砂灌入接缝,接缝灌砂与振压应反复进行直至接缝灌满、填实为止。

14.5 砂石路面

14.5.1 砂石路面表面应平整、坚实,不应有推移、松散、浮石现象。用压路机碾压后,不得有明显轮迹。面层与其他构筑物应平顺相接,不得有积水现象。

14.5.2 级配碎(砾)石路面、填隙碎石路面轧制碎石的材料可采用各种类型的岩石(软质岩石除外)、砾石。轧制碎石的砾石粒径应为碎石最大粒径的3倍以上,碎石中针片状颗粒的总含量不应超过20%,且不应含有黏土块、植物根叶、腐殖质等有害物质。填隙碎石应在碾压后撒铺石屑并碾压成型。

14.5.3 碎石或碎砾石应选用多棱角块体,软弱颗粒含量应小于5%。扁平细长碎石含量应小于20%。级配碎石及级配碎砾石石料的压碎值应小于35%。

14.5.4 级配碎石及级配碎砾石颗粒范围及技术指标应符合表14.5.4规定。

级配碎石及级配碎砾石的颗粒范围及技术指标表   表14.5.4

筛孔尺寸(mm)	53	37.5	31.5	19	9.5	4.75	2.36	0.6	0.075	液限	塑指
质量通过百分率(%)	—	100	90~100	73~88	49~69	29~54	17~37	8~20	0~7	<28	<9

14.5.5 级配碎(砾)石路面、填隙碎石路面碾压前和碾压中应适量洒水。

14.6 卵石路面

14.6.1 选择4~6cm直径的卵石或其他石材,人工镶嵌入水泥混凝土路面2/3、裸露

1/3,间距 10cm 左右,与水泥混凝土路面面层同时施工。防滑路面如图 14.6.1 所示。

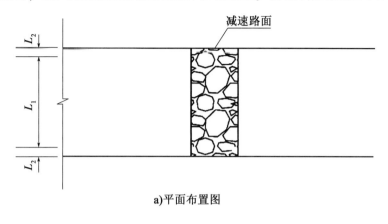

图 14.6.1 防滑路面示意图

14.6.2 卵石路面应沿路面全断面铺设,与路面交界处边线应平直。

14.6.3 固定后的卵石或其他石材不得有松动、晃动现象。

14.7 天然砂砾路面

14.7.1 天然砂砾路面宜采用人工和机械结合施工,自卸汽车运天然砂砾混合料,装载机粗平,人工精平,铺筑前应清除路面上的浮土、杂物,并适量洒水。

14.7.2 天然砂砾路面应全断面施工。

14.7.3 应采用透水性较好、具有良好级配的天然砂砾,含泥量应小于 5%,通过 0.075mm 筛孔颗粒含量不宜大于 5%。

14.7.4 天然砂砾最大粒径不宜大于 53mm,其颗粒中细长及扁平颗粒含量不超过 20%,其级配范围及技术指标应符合表 14.7.4 的规定。

天然砂砾级配范围及技术指标表 表 14.7.4

筛孔尺寸(mm)	53	37.5	9.5	4.75	0.6	0.075	液限	塑指
质量通过百分率(%)	100	80~100	40~100	25~85	8~45	0~15	<28	<9

14.7.5 天然砂砾路面应在最佳含水率时,采用 12t 以上三轮压路机进行碾压,其重型标准压实度应不小于 96%。

15 过水设施

15.0.1 洪水期间施工应做好气象观测、应急预案和预防工作,及时与气象部门、河道管理部门保持联系,了解水文信息,以便做出计划安排,采取应急措施。

15.0.2 涵洞施工完成后,当砌体砂浆或混凝土强度达到设计强度的85%时,方可进行涵洞洞身两侧的回填。涵洞两侧紧靠涵台部分的回填土不宜采用大型机械进行压实施工,宜采用人工配合小型机械的方法夯填密实。填土的每侧长度均应符合设计规定,设计未规定时,应不小于洞身填土高度的1倍。应在两侧同时对称、均衡地分层进行填筑,压实度应不小于96%。

15.0.3 涵洞进出水口的沟床应整理顺直,与上下游导流、排水设施连接顺畅。

15.0.4 盖板涵沉降缝应贯穿整个洞身断面,当涵洞斜交斜做时,其方向应与路线方向一致;当斜交正做时,其方向应与洞身轴线方向垂直。

15.0.5 盖板涵混凝土的现场浇筑施工在涵长方向宜连续进行;当涵身较长不能一次连续完成时,可沿长度方向分段进行浇筑,施工缝应设在涵身的沉降缝处。

15.0.6 圆管涵基础的顶面应设置混凝土管座,管座的弧形面应与管身紧密贴合,使管节受力均匀。

15.0.7 波纹钢的管节、块件及连接螺栓宜采用定型产品,并应符合现行《公路涵洞通道用波纹钢管(板)》(JT/T 791)的规定。其管节和块件除应满足强度要求外,尚应具有足够的刚度,在运输和安装过程中应具备抵抗冲击力的能力,以及在安装就位后填土夯实时仍可保持不产生较大变形的能力。

15.0.8 波纹钢管涵宜设置预拱度,其大小应根据地基可能产生的下沉量、涵底纵坡和填土高度等因素综合确定,但管涵中心的高程应不高于进水口的高程。

15.0.9 模板宜采用钢材、新型材料或其他适宜的材料制作。支架宜采用钢材或常备式定型钢构件等材料制作。

15.0.10 明挖扩大基础基坑开挖前应根据水文、地质、开挖方式及施工环境条件等因素,确定是否采取基坑支护措施。当基坑深度较小且坑壁土层稳定时,可直接放坡开挖;坑壁土层不易稳定且有地下水影响,或放坡开挖场地受到限制,或放坡开挖工程量大时,应按设计要求对坑壁进行支护。

15.0.11 钻孔灌注桩的清孔应根据设计要求、钻孔方法、机具设备条件和地层情况决定。在清孔排渣时,必须保持孔内水头,防止坍孔。不得采用加深钻孔深度的方式代替清孔。

15.0.12 台背填土应严格控制土的分层厚度和压实度,应设专人负责监督检查,检查频率应每50m²检验一点,不足50m²时应至少检验一点,每点均应合格,且宜采用小型机械压实。

15.0.13 桥涵台背及锥坡、护坡填料,应符合设计规定。结构物处填土应分层填筑,分层压实厚度宜不大于15cm,应对称回填压实,台背与墙背1.0m范围内回填宜采用小型夯实机具压实,并达到规定的压实度。

15.0.14 装配式梁、板等构件在脱底模、移运、存放和吊装时,混凝土强度应不低于设计规定的吊装强度,且不应低于设计强度的80%。

15.0.15 现浇施工的梁、板可采用满布支架或梁式支架,非承重侧模板应在混凝土抗压强度达到2.5MPa,且能保证其表面及棱角不致因拆模而受损坏时方可拆除;芯模和预留孔道的内模,应在混凝土强度能保证其表面不发生塌陷或裂缝现象时,方可拆除;钢筋混凝土结构的承重模板、支架,应在混凝土强度能承受其自重荷载及其他可能的叠加荷载时,方可拆除;对预应力混凝土结构,其侧模应在预应力钢束张拉前拆除,底模及支架应在结构建立预应力后方可拆除。

15.0.16 安装预制梁、板时,支承结构(墩台、盖梁)的混凝土强度和预埋件(包括预留锚栓孔、锚栓、支座钢板等)的尺寸、高程及平面位置应进行复测,合格后方可进行安装。

15.0.17 沥青混凝土桥面铺装施工前应对桥面进行检查,桥面应平整、粗糙、干燥、整洁,铺筑前应撒布黏层沥青。沥青混凝土的配合比设计、铺筑及碾压等施工,应符合现行《公路沥青路面施工技术规范》(JTG F40)的有关规定。

15.0.18 水泥混凝土桥面铺装,其做面应采取防滑措施,做面宜分两次进行,第二次抹平后应沿横坡方向拉毛或采用机具压槽,拉毛或压槽的度应符合相关规范的规定。

15.0.19 混凝土防撞护栏宜在顺桥向每间隔5~8m设一道断缝或假缝,防撞护栏的钢筋应与梁体的预留钢筋可靠连接。

16 交通安全设施

16.0.1 安全设施的材料应符合现行《公路交通安全设施施工技术规范》(JTG F71)的要求。

16.0.2 安全设施施工时应合理安排施工时间,做好与路基、路面等施工工序的衔接。

16.0.3 标志支撑结构的安装应在基础混凝土强度达到设计要求后进行。

16.0.4 标志设置时需要注意不要被树木或其他物体遮挡。柱式标志应设置在挖方段或边坡斜率缓于1∶1的边坡上。

16.0.5 标线材料应满足施工快捷、耐磨、反光性能好和环保的要求。

16.0.6 标线的位置必须严格依照设计图先进行水线放样再施工,同时应保证划线线形的平顺、美观。

16.0.7 运输、存放标线涂料、溶剂应采取防火措施。

16.0.8 波形梁护栏采用钻孔或打入式施工时,应在路面施工完成后进行。当立柱采用套筒方式固定时,应在路面施工前预埋套筒。

16.0.9 临崖、沿河、高路堤路段的护栏施工,作业人员应采取防坠落措施。

附录 A 特殊土质路堑边坡坡率表

特殊土质路堑边坡坡率见表 A.1。

特殊土质路堑边坡坡率表　　　　　　　　　　　　　　　表 A.1

特殊土质类别			边坡坡率		
			$H<6m$	$6m \leq H<10m$	$10m \leq H<20m$
红黏土、高液限土			1:1.25~1:1.5	1:1.5~1:1.75	1:1.75~1:2
膨胀土	弱膨胀土		1:1.5	1:1.5~1:2	—
	中等膨胀土		1:1.5~1:1.75	1:1.75~1:2	—
	强膨胀土		1:1.75~1:2	1:2~1:2.5	—
黄土（Ⅰ区）	新黄土 Q_3、Q_4	坡积	1:0.5	1:0.5~1:0.75	1:0.75~1:1
		冲积、洪积	1:0.2~1:0.3	1:0.3~1:0.5	1:0.5~1:0.75
	新黄土 Q_3		1:0.3~1:0.4	1:0.4~1:0.5	1:0.5~1:0.75
	老黄土 Q_2		1:0.1~1:0.3	1:0.2~1:0.4	1:0.3~1:0.5
	红色黄土 Q_1		1:0.1~1:0.2	1:0.2~1:0.3	1:0.3~1:0.4
黄土（Ⅱ区）	新黄土 Q_3、Q_4	坡积	1:0.5~1:0.75	1:0.75~1:1	1:1~1:1.25
		冲积、洪积	1:0.2~1:0.4	1:0.4~1:0.6	1:0.6~1:0.75
	新黄土 Q_3		1:0.4~1:0.5	1:0.5~1:0.75	1:0.75~1:1
	老黄土 Q_2		1:0.1~1:0.3	1:0.2~1:0.4	1:0.3~1:0.5
黄土（Ⅲ区）	新黄土 Q_3、Q_4	坡积	1:0.5~1:0.75	1:0.75~1:1	1:1~1:1.25
		冲积、洪积	1:0.2~1:0.4	1:0.4~1:0.6	1:0.6~1:0.75
	新黄土 Q_3		1:0.3~1:0.5	1:0.5~1:0.6	1:0.6~1:0.75
	老黄土 Q_2		1:0.1~1:0.3	1:0.2~1:0.4	1:0.3~1:0.5
	红色黄土 Q_1		1:0.1~1:0.2	1:0.2~1:0.3	1:0.3~1:0.4

注：红黏土、高液限土及膨胀土挖方边坡高度超过 10m 时，应进行稳定性分析计算，边坡稳定安全系数应满足要求。

甘肃省黄土工程地质分区见表 A.2。

甘肃省黄土工程地质分区表　　　　　　　　　　　　　　　表 A.2

一级分区	二级分区	三级分区
Ⅰ区（东部区）	Ⅰ-1 陇东中部塬区	Ⅰ-1-1 陇东中部河流阶地区
		Ⅰ-1-2 陇东中部残塬区
	Ⅰ-2 陇东南部秦岭梁峁区	Ⅰ-2-1 陇东南部河谷川台区
		Ⅰ-2-2 陇东南部梁峁区

续上表

一级分区	二级分区	三级分区
Ⅱ区(西部区)	Ⅱ-1 陇西北部丘陵区	Ⅱ-1-1 陇西北部河谷阶地区
		Ⅱ-1-2 陇西北部丘陵梁峁区
	Ⅱ-2 陇西南部谷地区	Ⅱ-2-1 陇西南部河流谷地区
		Ⅱ-2-2 陇西南部梁峁区
Ⅲ区(北部区)	Ⅲ-1 陇东北部里阿尼工贸区	Ⅲ-1-1 陇东北部丘陵梁峁区
		Ⅲ-1-2 陇东北部河谷川台区
	Ⅲ-2 陇西—河西过渡区	—
	Ⅲ-3 河西走廊区	—
南部区	—	—

附录 B 常用路面结构类型

水泥混凝土路面结构见表 B.1,水泥混凝土路面如图 B.1 所示。

水泥混凝土路面结构　　　　　　　表 B.1

名　　称	路　面　结　构	
面层	自然村(组)道路、村内主干道	水泥混凝土(15~20cm)
面层	巷道及入户道路	水泥混凝土(12~15cm)
基层	水泥稳定类(15~18cm)/石灰稳定类(15~18cm)	
功能层	砂砾、碎(砾)石垫层或找平层(≥10cm)	
路基	回弹模量≥40MPa	

注:根据需要可选择设置功能层。路基潮湿或受冰冻影响较大时,应设置功能层。

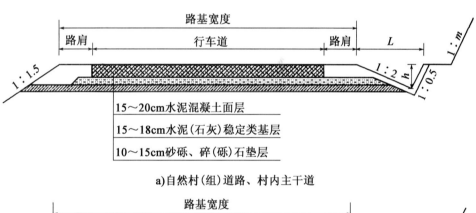

a) 自然村(组)道路、村内主干道

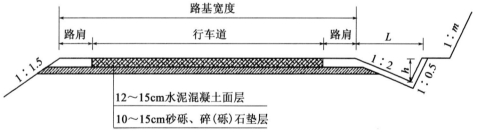

b) 巷道及入户道路

图 B.1　水泥混凝土路面

沥青路面结构见表 B.2,沥青路面如图 B.2 所示。

沥青路面结构　　　　　　　表 B.2

名　　称	路　面　结　构
面层	沥青混凝土(≥4cm)
基层	水泥稳定类(15~18cm)/石灰稳定类(15~18cm)
功能层	砂砾、碎(砾)石垫层或找平层(≥10cm)
路基	回弹模量≥40MPa

注:根据需要可选择设置功能层。路基潮湿或受冰冻影响较大时,应设置功能层。

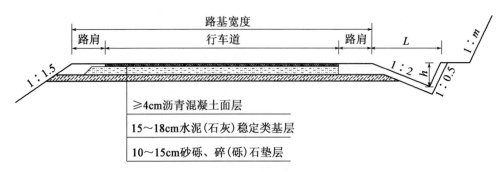

图 B.2 沥青路面

水泥混凝土预制块、砖块路面结构见表 B.3,预制混凝土块路面如图 B.3 所示。

水泥混凝土预制块、砖块路面结构 表 B.3

名　称	路　面　结　构
面层	预制混凝土块(12~20cm)/砖块(12~24cm)
基层	水泥稳定类(15~18cm)/石灰稳定类(15~18cm)
功能层	砂砾、碎(砾)石垫层或找平层(≥10cm)
路基	回弹模量≥30MPa

注:1.根据需要可选择设置功能层。路基潮湿或受冰冻影响较大时,应设置功能层。
　　2.水泥混凝土预制块、砖块路面可作为速度控制设施使用。

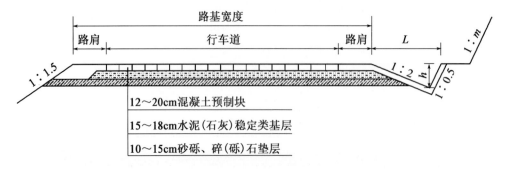

图 B.3 预制混凝土块路面

青红砖路面如图 B.4 所示。

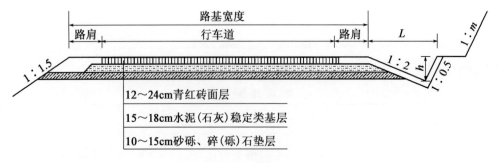

图 B.4 青红砖路面

块石路面结构见表 B.4,块石路面如图 B.5 所示。

附录 B 常用路面结构类型

块石路面结构　　　　　　　　　　　　　　　　　表 B.4

名　　称	路面结构
面层	块石(10～20cm)
基层	级配碎石(10～15cm)/级配砂砾(10～15cm)
功能层	砂砾、碎(砾)石垫层或找平层(≥10cm)
路基	回弹模量≥30MPa

注：根据需要可选择设置功能层。路基潮湿或受冰冻影响较大时，应设置功能层。

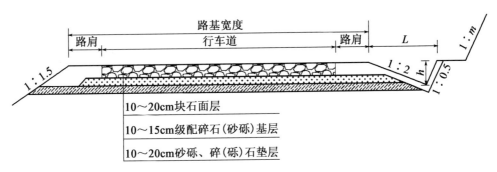

图 B.5　块石路面

砂砾路面结构见表 B.5，砂砾路面如图 B.6 所示。

砂砾路面结构　　　　　　　　　　　　　　　　　表 B.5

名　　称	路面结构
面层	砂砾土(碎石土、粗砂)(1～2cm)/粒料改善土保护层(1～2cm)
	级配砂砾(15～20cm)
路基	回弹模量≥30MPa

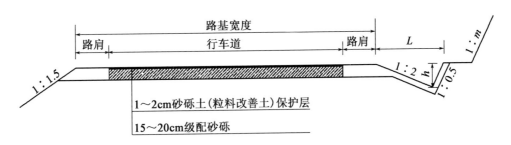

图 B.6　砂砾路面

泥(灰)结碎石路面结构见表 B.6，泥(灰)结碎石路面如图 B.7 所示。

泥(灰)结碎石路面结构　　　　　　　　　　　　　表 B.6

名　　称	路面结构
面层	砂砾土(碎石土、粗砂)(1～2cm)/粒料改善土保护层(1～2cm)
	泥(灰)结碎石(12～15cm)/级配碎石(12～16cm)/级配砂砾(12～16cm)
基层	级配碎石(10～15cm)/级配砂砾(10～15cm)/手摆片(块)石(10～15cm)
路基	回弹模量≥30MPa

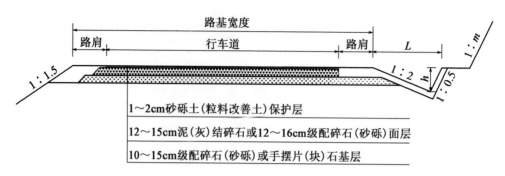

图 B.7 泥(灰)结碎石路面

过水路面结构见表 B.7,过水路面如图 B.8 所示。

过 水 路 面 结 构 表 B.7

名　称	路 面 结 构
面层	水泥混凝土(≥22cm)
基层	水泥稳定类(15～20cm)/浆砌片石(30～40cm)
路基	路基(防护、涵洞)

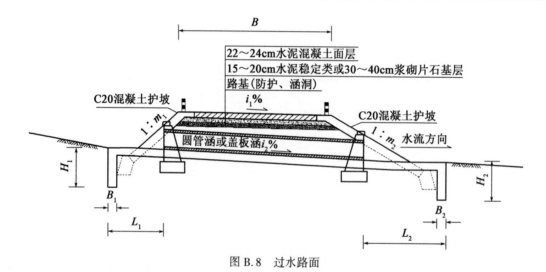

图 B.8 过水路面

附录C 安全保护措施形式参考表

自然村(组)通硬化路安全保护措施形式参考表见表C.1

自然村(组)通硬化路安全保护措施形式参考表 表C.1

安保设施	设施名称	适用条件及位置
护栏	钢筋混凝土护栏	急弯、陡坡、悬崖路段
	钢丝绳护栏	直线危险路段、有景观要求路段
	波形梁护栏	一般危险路段
	筒装集料护栏	小弯道、一般危险路段
	钢筋石笼护栏	路侧有余宽的危险路段
	栽石护栏	取材方便的危险路段
	堆土(砌石)护栏	路侧有较宽余宽的危险路段
	预制管护栏	土路肩和有交叉口路段
标线	木桩、石桩	急弯、悬崖路段
	橡胶柱	急弯、悬崖路段、路线两侧
其他	警示墩	急弯、悬崖路段、交叉口路段
	石材标志	取材方便的危险路段
	导流标	急弯路段
	弹石减速带	长下坡路段、间隔设置
	钢筋混凝土立柱	一般路段(起警示作用)

附录 D 《指南》用词说明

《指南》执行严格程度的用词,采用下列写法:
1 表示很严格,非这样做不可的用词,正面词采用"必须",反面词采用"严禁"。
2 表示严格,在正常情况下均应这样做的用词,正面词采用"应",反面词采用"不应"或"不得"。
3 表示允许稍有选择,在条件许可时首先应这样做的用词,正面词采用"宜",反面词采用"不宜"。
4 表示有选择,在一定条件下可以这样做的用词,采用"可"。